Don Bosco

mein Freund

Ein Bilderbuch von
Augusta Curreli

Erzählt von
Carole Monmarché
und
Hildegard Nies

Verleger:
Éditions du Signe
B.P. 94 - 67038 Strasbourg Cedex 2 - France
Tel.: **03 88 78 91 91**
Fax: 03 88 78 91 99
e-mail : info@editionsdusigne.fr

Text:
Carole Monmarché

Übersetzung:
Hildegard Nies

Bilder:
Augusta Curreli

Layout:
Éditions du Signe

Printed in Italy by Arti Grafiche, Pomezia

Don Bosco, mein Freund

Lies dieses Büchlein und schau dir die Bilder an: du wirst einen Freund entdecken, Don Bosco. Er war ein Kind wie jedes andere, er spielte mit seinen Freunden, er konnte Zaubertricks und auf einem Seil balancieren, das zwischen zwei Bäume gespannt war. Genauso wichtig war es ihm aber, dass seine Freunde Jesus kennen und lieben lernen wie er selbst.

Als er Priester geworden war, lagen ihm vor allem die Kinder und Jugendlichen in den Vororten Turins am Herzen, die dort auf der Straße lebten, nicht zur Schule gingen oder eine Arbeit verrichteten und allen Gefahren der Straße ausgesetzt waren. Er half ihnen, „gute Bürger und gute Christen" zu werden.

Don Bosco hat eine große Familie von Männern und Frauen gegründet, die bis heute überall auf der Welt sein Werk weiterführen und sich um die Kinder und Jugendlichen, vor allem um die Ärmsten und Verlassensten unter ihnen, kümmern.

Don Bosco ist ein Mensch, der in jedem Menschen – ob Kind, Jugendlicher oder Erwachsener – etwas entdeckt, das liebenswert ist und der jedem Menschen zutraut, selbst Liebe geben zu können. Mit einer solchen Liebe sind wir dem Evangelium auf der Spur.

Marcel Jacquemoud
Verantwortlicher für die Provinz Lyon

Am Anfang des letzten Jahrhunderts...
Da ist Beechi, ein kleiner Ort im Norden Italiens,
in den Bergen von Piemont.

Zwischen einigen Bauernhöfen befindet sich das Anwesen der Familie Bosco. Im kleinen Haus sind eine Wohnung mit Küche und Schlafkammer, eine Scheune und ein Stall.

Die Eltern Franz und Margaretha sind einfache Bauern. Sie müssen hart arbeiten, um den Lebensunterhalt für sich und ihre beiden Söhne, den siebenjährigen Anton aus erster Ehe und den zweijährigen Josef, zu verdienen.

Ein glückliches Ereignis bereitet sich vor.
Margaretha erwartet ihr zweites Kind aus der Ehe mit Franz.
– Wie wird das Baby heißen, Mama?
– Das ist eine Überraschung.
Haben wir Mut, Gott, ist mit uns, und ich bin sicher, dieses Kind wird uns viel Glück bringen.

Am 16. August 1815, am Morgen nach Mariä Himmelfahrt, kommt der kleine Johannes zur Welt. Die ganze Familie freut sich.

Jeden Abend setzen sie sich zusammen, und der Vater erzählt ihnen Geschichten aus dem Leben Jesu. Danach danken sie gemeinsam für alles Gute, was sie an diesem Tag erfahren haben.

Als Johannes gerade zwei Jahre alt ist, stirbt sein Vater. Doch die Mutter lässt sich nicht entmutigen. „Gott ist bei uns. Habt Vertrauen, Kinder. Euer Vater ist jetzt im Himmel, und er erwartet von euch, dass ihr tapfer seid."

Nun muss Margaretha die harte Arbeit am Hof allein machen: das Feld bestellen, Heu mähen, sich um den Weinberg kümmern, die Kühe melken, die Hausarbeit verrichten. Ihre drei Kinder helfen ihr dabei, sogar der kleine Johannes versucht es schon.

Allmählich lernt Johannes zu hacken, Unkraut zu jäten, bei der Ernte zu helfen. Die Mutter versäumt keine Gelegenheit, um ihren Söhnen von Jesus und Gott zu erzählen und sie darauf hinzuweisen, dass Gott, der Schöpfer der Welt, immer bei ihnen ist und die Sonne und den Regen schickt, damit die Felder Frucht tragen.

– Mama, hat der Herr all das Schöne und Gute für uns gemacht?

– Ja, Johannes, schau dir zum Beispiel diese reifen Früchte an.

– Komm, gehen wir schnell nach Hause, wir haben solchen Hunger!

– Aber dankt Gott für alles. Er war und ist immer gut zu uns. Er gibt uns unser tägliches Brot, damit wir es mit denen teilen, die nichts haben.

Eines Tages klettert Johannes auf einen Stuhl, um ein Glas Marmelade aus dem Regal zu holen. Doch – bums – dabei fällt der Ölkrug auf den Boden – und zerbricht.

– Mama, mir ist heute etwas Dummes passiert. Ich hab den Ölkrug zerbrochen. Bist du mir böse?

– Schade um das teure Öl. Aber du hast mir nicht verheimlicht, was dir passiert ist, deshalb reden wir nicht mehr darüber. Ich verzeihe dir. Hüte morgen die Kühe, dann hast du es wieder gut gemacht.

Schon vor der Morgendämmerung geht Johannes mit den Kühen auf die Weide. Später kommen seine Freunde vorbei, um mit ihm zu spielen. Den ganzen Tag bleibt er dort und genießt die Stille: Er bewundert die Fische im Bach, die Vögel in den Baumwipfeln; er hört den Wind in den Bäumen rauschen, das Wasser über die Steine plätschern.

Er spürt, Jesus ist ihm so nah, als könne er mit ihm wie mit seinem besten Freund sprechen.

Mit neun Jahren hat Johannes einen Traum, den er nicht mehr vergisst.

– Ich habe etwas Sonderbares geträumt heute Nacht. Eine Menge Kinder waren da. Einige grinsten bösartig, andere sagten dummes Zeug und beschimpften sogar Gott.

– Und was hast du gemacht?

– Ich bin aufgesprungen, habe geschrien und sie sogar geschlagen, damit sie endlich aufhören!

… Plötzlich tauchte ein Mann auf, sein Gesicht war ganz hell, und er sagte zu mir: „Johannes, nicht durch Schläge, sondern durch Güte gewinnst du Freunde, und nur so lernen sie, selbst gut zu werden. Ich werde dir jemanden schicken, der dich führen wird."

– Na und, irgendeine Geschichte. Was soll das!

– Anton, ich mache keinen Spaß. Plötzlich erschien noch eine sehr schöne Dame, und alle diese Kinder wurden wie wilde Tiere. Doch dann nahm sie mich bei der Hand, und die Kinder verwandelten sich in sanfte Lämmer.

Sie sagte zu mir: „Das musst du für die Jungen tun! Später wirst du es verstehen."

Die Bemerkungen seiner Brüder lassen nicht lang auf sich warten:

– Na ja, du wirst Schäfer werden.

– Nein, du wirst in einem Zirkus mitmachen… oder du wirst Räuberhauptmann.

– Hör auf, Anton!… Mama, was denkst du über meinen Traum?

– Wer weiß, vielleicht wirst du einmal Priester, mein Sohn. Aber jetzt an die Arbeit. Johannes, führe die Kühe auf die Weide!

Auf der Weide denkt Johannes weiter über seinen Traum in der Nacht nach und genießt die Schönheit und die Ruhe der Natur. Ein großer Friede zieht in ihn ein, und sein Traum vereint sich mit der morgendlichen Stille. Er begreift jetzt, dass es nicht darum geht, Schläge zu verteilen, sondern Freude und Begeisterung zu wecken.

Ein besonderes Vergnügen sind für Johannes die Aufführungen von Gauklern und Zirkusartisten. Er schaut den Jongleuren und den Seiltänzern genau zu und versucht, es ihnen gleich zu machen und hat damit viel Erfolg bei seinen Kameraden.

Er übt und übt. Die Schrammen und Wunden, die er sich dabei holt, machen ihm nichts aus. Er lernt verschiedene Zaubertricks, jongliert mit Äpfeln und bereitet sich auf eine Vorstellung für seine Freunde vor.

An einem sommerlichen Sonntagnachmittag gibt Johannes seine erste Vorstellung. Alle kommen und sehen ihm zu, wie er Geldmünzen vermehrt, wie er jongliert und wie er einer alten Dame ein Huhn in die geöffnete Handtasche zaubert. Die Zuschauer lachen und klatschen.

Sein Bruder Anton schaut auch zu, aber er versteckt sich hinter einem Baum. Er ärgert sich über ihn: „Was ist das doch für ein Trickser und Faulenzer! Zehn Jahre ist er jetzt – und er spielt immer noch den Clown!"

Aber er ist ein ganz besonderer Clown! Bevor er, seine letzte Nummer zeigt, erinnert er sein Publikum an das Sonntagsevangelium und lädt alle zum Gebet ein. Das ist der Preis, den sie zahlen müssen, um sein letztes Kunststück zu sehen: Das Balancieren auf einem Seil!

Ostern 1826

Johannes ist elf Jahre alt und geht zur Erstkom-
munion.
Seine Mutter verdankt er, dass er so viel über das
Leben Jesu erfahren hat, dass er beten und beichten
kann. Sie lehrte ihn, dass er Gott Dank schuldet,
weil er immer wieder vergibt. Seine Mutter begleitet
ihn auch jedes Mal zur Kirche, weil sie vorleben will,
was sie ihre Kinder lehrt.

Weil Johannes begabt ist und ein gutes Gedächtnis hat, schickt ihn seine Mutter zu einem Pfarrer im Nachbarort, der ihm Lesen und Schreiben beibringt. Er freut sich, dass er das, was er gelernt hat, jetzt mit seinen Freunden teilen kann. Es gefällt ihm, am Abend Kindern und Erwachsenen aus Büchern vorzulesen. Anton wird immer eifersüchtiger auf ihn.

– Johannes, dein blödes Buch schmeiße ich ins Feuer!
– Ich habe meine Arbeit gemacht, warum soll ich jetzt nicht lesen?
– Lesen heißt Zeit verlieren! Ich bin ohne Bücher groß und stark geworden!
– Unser Esel ist noch stärker, und er hat nie eine Schule besucht!
Zwischen den beiden Geschwistern gibt es immer mehr Streit, Anton fängt sogar an, seinen Bruder zu schlagen. Johannes muss das Haus verlassen.

Johannes wird bei dem Bauern Moglia als Knecht eingestellt.

– Es gibt überhaupt keine Schwierigkeiten mit ihm. Er arbeitet gut, er ist schlau, und vor allem ist er immer freundlich.

– Weißt du was, Louis? Er geht jeden Sonntagmorgen in die Messe und ministriert und empfängt die Kommunion, und dann begleitet er uns noch einmal in die Zehn-Uhr-Messe.

Johannes vertieft sich immer mehr in seine Bücher.

– Johannes spiel doch mit uns, hör auf zu lesen!

– Aber das Buch über Jesus ist so spannend.

– Sag doch gleich, dass du Pfarrer werden willst.

– Ja, Anna, du hast es erraten.

– Du machst dich lustig. Du mußt weiter Kühe hüten. Zum Studieren braucht man viel Geld.

– Bei Gott ist nichts unmöglich. Kommt, ich werde euch etwas Interessantes vorlesen.

Während der zwei Jahre seines Aufenthaltes auf dem Hof der Familie Moglia liest er seinen neuen Freunden das Evangelium vor und vergisst darüber nicht, ihnen seine Zaubertricks und seine Späße vorzuführen.

Als Johannes 15 Jahre alt ist, kommt ihn sein
Onkel Michael besuchen. Anton ist etwas ruhiger
geworden. Johannes freut sich, dass er wieder nach
Hause kommen kann. Sein Onkel verspricht, sich
um seine Ausbildung und um seine Zukunft zu
kümmern.

Nach seiner Heimkehr hört er sich die
Predigten der Missionare an und lernt einen Priester,
Don Calosso, kennen.
– Sag, hast du von der Predigt noch etwas behalten?
Wenn du mir vier Sätze wiederholen kannst,
bekommst du von mir vier Groschen.
Zum Erstaunen trägt ihm Johannes die ganze Predigt
so vor, als würde er sie aus einem Buch vorlesen.
– Du bist begabt. Gehst du zur Schule?
– Nein, aber ich würde gern mehr lernen, damit ich
einmal Priester werden kann.

Das ist eine Gelegenheit, die für beide nützlich ist. Don Calosso schlägt ihm vor, bei ihm zu wohnen und ihm zu helfen.

Eine Zeit später jedoch stirbt Don Calosso. Er überträgt sein Vermögen seinem Schützling.
Johannes weint über den schnellen Abschied seines Beschützers. Aber er fasst sich wieder und erinnert sich an den Satz seine Mutter: „Gott sieht dich." Von dem Erbe will er nichts wissen und übergibt es dem Neffen des Priesters: „Der Herr wird sich um alles kümmern, wenn er will, dass ich Priester werde."

Es kommen schwierige Jahre. Johannes beginnt zur Schule zu gehen. Um zur Schule nach Castelnuovo zu kommen, muss er jeden Tag zwanzig Kilometer zu Fuß zurücklegen. Später, als er in Chieri die Schule besucht, ist er mit jüngeren Kindern in einer Klasse. Er wird zur Zielscheibe ihrer Spötteleien. Neben diesen Demütigungen leidet er auch unter dem Hochmut mancher Priester und findet keinerlei Unterstützung bei ihnen.

Als das Geld ausgeht, muss er von Haus zu Haus ziehen und betteln: „Guten Tag, ich heiße Johannes. Ich bin der Sohn von Margaretha Bosco. Ich will Priester werden, aber wir haben kein Geld für die Ausbildung. Wenn Sie können, helfen Sie mir bitte."

Johannes kommt in verschiedenen Familien unter
und übernimmt die verschiedensten Arbeiten. Er
lernt viel in dieser Zeit: servieren, nähen, schustern,
schmieden, tischlern... und in seiner freien Zeit zu
musizieren.

In der Familie Pianta arbeitet Johannes sogar als Kellner und rechnet die Gewinnpunkte der Billardspieler zusammen. Als Ausgleich dafür bekommt er täglich zwei Teller Suppe und Schlafplatz unter der Treppe. Oft spürt er, wie schrecklich müde und hungrig er ist.

Trotz dieser harten Bedingungen findet er noch Zeit und Kraft, um zu lernen und zu beten.

Oft ist er bis spät in die Nacht im Schein einer Kerze wach, um sich auf die Schule vorzubereiten.

Morgens in der Schule kommt beim Diktat genau die Stelle dran, die er am Abend zuvor gelesen hatte. Er bekommt die beste Note.

In anderen Fächern ergeht es ihm ähnlich. Die Lehrer sind erstaunt, und manche verdächtigen ihn sogar, er würde abschreiben oder tricksen.

Eines Nachts träumt Johannes noch einmal denselben Traum, den er als neunjähriger Junge geträumt hatte. Noch einmal erscheint ihm die schöne Dame und sagt: „Sei demütig und tapfer. Eines Tages wirst du alles verstehen."

Johannes lernt und arbeitet fleißig. Wegen seiner guten schulischen Leistungen wird er endlich von seinen Mitschülern anerkannt. Jetzt bewundern und mögen sie ihn, denn er hilft ihnen bei ihren Aufgaben. Allmählich werden sie richtig gute Freunde.

– Ich finde, wir sind eine tolle Gruppe. Wie wäre es, wenn wir einen Club gründen würden, zum Beispiel den „Club der fröhlichen Freunde"?

– Was meinst du damit, Johannes.

– Das ist für mich eine Gemeinschaft von Freunden, die ihre Aufgaben gewissenhaft erfüllen und die sich anschließend miteinander vergnügen...

Spielen, Ausflüge machen, beten und lachen – alles zusammen...

Mit zwanzig Jahren beendet Johannes die Schule mit „sehr gut" und tritt ins Seminar ein. Jeden Donnerstag trifft er sich mit den Freunden seines Clubs, mit denen er zusammen die Freizeit verbracht hat und die ihn immer noch sehen und hören wollen.

Nach den fröhlichen Stunden ihres Zusammenseins versäumen sie es nie, eine Zeit in die Kapelle zu gehen und zu beten.

Am 5. Juni 1841 wird Johannes zum Priester geweiht.
– Nun bist du also Don Bosco geworden!
– Mutter, bei meiner ersten Messe werde ich beten,
damit der Herr mich zum Beschützer und Freund
der jungen Menschen macht. Mein einziger Wunsch
ist es, demütig und fröhlich für alle da zu sein,
die mich brauchen – nichts anderes ist mir wichtig.

Drei Jahre lang lernt Don Bosco bei dem Priester Don Cafasso in Turin. Hier entdeckt er das schreckliche Alltagselend und die Gewalt der Straße. Er begegnet Kindern, die niemanden haben und sich ganz selbst überlassen sind. Don Bosco ist zutiefst davon berührt:
– Don Bosco, wir warten jeden Tag auf eine kleine Arbeit, sonst bekommen wir nichts zwischen die Zähne.
– Habt ihr keine Familie?
– Unsere Eltern sind zu arm, sie können uns nicht ernähren.

Jedesmal kommt Don Bosco bestürzt zu Don Cafasso:

– Diese Kinder brauchen eine Schule oder Arbeit, sie brauchen einen Ort, an dem sie spielen und sich unterhalten können, sie brauchen jemanden, der sie gern hat und sie anleitet. Sie brauchen so etwas wie ein Zuhause!

– Johannes, es gibt noch vieles, was du nicht gesehen hast. Komm, wir besuchen zusammen das Gefängnis. Dunkle Farben, dicke Gitterstäbe, die traurigen Gesichter der kleinen Gefangenen, deren Verbrechen oft nur darin besteht, dass sie vor Hunger ein Stück Brot gestohlen haben. Don Bosco ist erschüttert: „Ich will diese Jugend retten… und zwar so schnell wie möglich!"

Am 8. Dezember 1841, am Fest der Unbefleckten Empfängnis Mariens, bereitet er sich auf die Messe vor und sieht, wie der Küster gerade einen jungen Müßiggänger verjagen will. Don Bosco greift ein:

– Wie heißt du, lieber Freund?

– Bartholomäus.

– Was kannst du? Kannst du zum Beispiel singen?

– Nein, sagt er, ganz beschämt.

– Macht nichts... aber vielleicht pfeifen?

Der Junge fängt an zu lachen. Das Eis ist gebrochen. Am folgenden Sonntag kommt er mit mehreren Freunden, die ebenfalls pfeifen können, zu diesem netten Priester.

Zuerst sind es zwanzig, dann fünfzig, dann hundert, die Don Bosco aufsuchen, mit ihm die Messe feiern und mit ihm spielen. Das ist die Geburtsstunde des Oratoriums.

Nun muss ein geeigneter Ort für diese wilden, lebendigen Jungen gefunden werden. Nach langem Suchen entdeckt Don Bosco ein altes, heruntergekommenes Haus, das von einem großen freien Gelände umgeben ist. Ein Mann namens Franz Pinardi vermietet ihm das Haus und das Grundstück.

Das „Haus Pinardi", wird hergerichtet. Auch die Jungen helfen mit. Eine kleine Kapelle wird eingerichtet, Werkstätten entstehen: Schuster-, Tischler-, Schneider-, Buchbinderwerkstätten, später werden auch Schlafräume eingerichtet.

Unermüdlich setzt sich Don Bosco für die ständig wachsende Zahl von Jungen ein, die zu ihm kommen. Er sucht Arbeit für sie, handelt die Arbeitsbedingungen mit den Arbeitgebern aus und kümmert sich um die Kinder, die aus dem Gefängnis kommen. Zu allen sagt er: „Kommt mit mir. Auch ich bin arm, aber mein Brot werde ich immer mit euch teilen."

Vor allem die Herzensgüte und die Fröhlichkeit Don Boscos zieht die Jungen an. Nach dem Spielen, Singen, Spazierengehen bringt er ihnen Lesen und Schreiben bei, und er hält sie zum Beten und Beichten an. Wenn er mit ihnen über Gott spricht, geschieht das auch voller Humor:

– Was für ein Glück haben wir, dass wir einmal alle zusammen im Paradies sein werden.

– Wir haben dort keinen Platz!

– Was sagt ihr da? Meint ihr, Gott hätte das Paradies geschaffen, damit es leer bleibt? Wir werden uns dort wiederfinden. Und miteinander feiern!

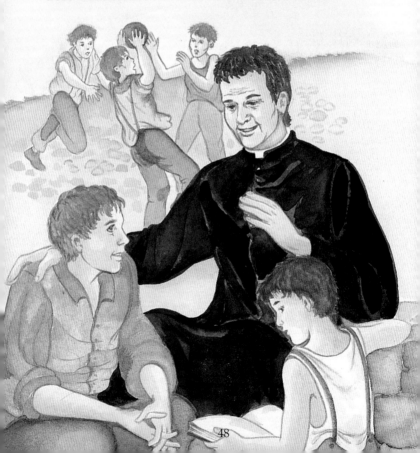

Von Don Bosco geht eine starke Ausstrahlung aus, die manchmal fast beunruhigt.

– Hast du es gemerkt, letzten Abend, als nicht mehr genügend Brot und keine Esskastanien mehr da waren? Und wie Don Bosco das Brot ausgeteilt hat, war plötzlich für uns alle genügend da!

– Er soll sogar Kranke geheilt haben.

– Er rackert sich für uns ab. Letzte Nacht habe ich ihn dabei überrascht, dass er immer noch gearbeitet hat. Er hat die Löcher in unseren Hosen geflickt.

– Er muss uns sehr gern haben. Er tut nicht nur so!

Doch manchen Menschen ist der Einsatz Don
Boscos für die Kinder ein Dorn im Auge.
Er hat immer mehr Feinde. Die städtischen Behörden
beobachten ihn mißtrauisch, einige Priester glauben,
er sei verrückt geworden. Manche versuchen sogar,
ihn zu vergiften, andere schliessen sich zusammen,
um ihn zu töten. Doch all diese Boshaftickeiten können ihm nichts anhaben, die Jungen stützen ihn, und
ein geheimnisvoller grauer Hund, der plötzlich auf-
taucht, wird zu seinem ständigen Begleiter und rettet
ihm ein paarmal das Leben.

Er setzt sich so sehr für die Jungen ein, dass er eines Tages zusammenbricht und ernsthaft krank wird. Eine Woche lang schwebt er zwischen Leben und Tod. Die Jungen kommen von überallher und wachen Tag und Nacht bei ihm und beten darum, dass er wieder gesund wird. Er schafft es! Als er, auf einen Stock gestützt, wieder im Saal erscheint, begrüßen ihn die Jungen mit Begeisterungsausbrüchen.

„Mein Leben gebe ich euch. Ich will es ganz für euch verschwenden."

Bei seiner Mutter Margaretha erholt er sich von seiner schweren Krankheit und erkennt in dieser Zeit der Ruhe, wie sehr Gott ihm diese Jungen anvertraut hat. Er träumt von Waisenhäusern, Schulen und Lehrstellen für die Jugendlichen. Er hofft, Lehrer und Priester zu finden, die ihn bei seiner Arbeit unterstützen.

Am 26. Januar 1854 sammelt er einige seiner ältesten Jungen um sich:

– Meine Freunde, tausende armer Kinder warten auf uns. Die heilige Jungfrau Maria wird uns helfen und wir werden neue Häuser, Kirchen, Mitarbeiter für diese Kinder finden... sogar in anderen Ländern! Verblüfft schauen sich die Jungen an.

– Ja, wir werden eine große Familie sein. Priester und Laien. Wir nennen uns „Salesianer" im Andenken an die Sanftheit und Güte des heiligen Franz von Sales.

1855.

An einem Festtag bittet er seine Jungen, ihm auf einem Kärtchen ein Geschenk aufzuschreiben, das sie sich wünschen. Einer von ihnen, Dominikus Savio, schreibt: „Helfen Sie mir, ein Heiliger zu werden."

Don Bosco gibt ihnen sein Rezept für Heiligkeit: „Erstens: Fröhlichkeit.

Zweitens: Alle Pflichten als Schüler und als Christ gewissenhaft erledigen.

Drittens: Anderen Menschen Gutes tun."

Dominik geht an die Arbeit:

– Kommt, Kameraden, wir müssen Don Bosco helfen. Jeder von uns übernimmt die Patenschaft für einen von den Jungen, die ihm so viele Sorgen bereiten.

– Eine tolle Idee!

– Wir werden Apostel des Friedens und der Freude sein! Wir werden eine Gemeinschaft bilden: „Die Kompanie der Unbefleckten Empfängnis".

Gerade noch rechtzeitig hat Dominikus dieses Projekt angefangen. Kurz darauf wird er krank und stirbt am 9. März 1857. Er wird heiliggesprochen,

– der erste Heilige im Alter von fünfzehn Jahren.

Von nun an strömen die Menschen zu Don Bosco. Minister und Bischöfe, Adel und einfaches Volk, Junge und Alte, sogar der Papst möchte ihm begegnen. Jeden Vormittag ist Don Bosco in seinem Büro und berät, segnet, hört Beichte, hilft allen, die ein Gespräch mit ihm suchen.

Sein Werk wächst immer mehr. Die erste Kirche ist zu klein geworden.

– Wir werden eine große Kirche bauen und sie Maria, der „Hilfe der Christen" widmen.

– Aber wir haben kein Geld!

– Keine Sorge! Wie immer wird Maria uns helfen! Jeder Stein der neuen Kirche wird ein Gnadenerweis Marias sein!

1868 ist die Kirche fertig. Bei der ersten Messfeier sind 1200 Jugendliche anwesend.

Die Prophezeiungen Don Boscos sind Wirklichkeit geworden.

Er lernt einige junge Frauen kennen, unter ihnen Maria Mazzarello, und ermutigt sie, für die armen Mädchen ein ähnliches Angebot zu machen wie die Salesianer für die Jungen. Er unterstützt sie und gibt ihnen Anregungen: „Lebt immer im Bewusstsein der Gegenwart Gottes, seid sanftmütig, geduldig und liebevoll; helft den Mädchen, die Liebe Gottes zu ihnen zu entdecken."

Die Gemeinschaft der „Töchter Mariä, Hilfe der Christen" ist geboren. Sie werden auch „Don-Bosco-Schwestern" genannt.

Don Bosco schickt Missionare und Schwestern nach Argentinien. Sie sollen sich um die ausgewanderten Italiener kümmern und den Indianern des Wüstengebiets, das sich Patagonien nennt, das Evangelium bringen.

Nach dieser ersten Missionsaussendung folgen noch viele andere.

Die gute Nachricht von Jesus kennt keine Grenzen. Die ganze Welt wartet auf die frohe Botschaft von der Liebe Gottes.

Don Bosco hat getan, was so viele Kinder und Jugendliche aller Altersstufen und aller Kontinente seit langem erwarteten und erhofften.

Don Bosco wird alt, aber sein Geist bleibt wach und quicklebendig. Seine Antworten sind immer voller Humor. Als ihm jemand helfen will, weil er ihn mit gebeugtem Rücken auf seinen Stock gestützt laufen sieht, sagt er lachend zu ihm „Begleite mich, wir gehen ins Paradies."

Eines Tages sagte er:

– Meine Stunde naht... Es hat sich gelohnt, manches Schwere für die Jungen auf sich zu nehmen. Liebt einander wie Brüder, liebt diese Jungen, die Jesu und Marias Freude sind.

– Don Bosco, sprich dieses kleine Gebet, das wir so gern nachgesprochen haben: „Jesus, Maria, Josef, ich gebe euch mein Herz, meine Seele, mein Leben, helft mir, dass ich in eurer Gemeinschaft sterbe."

– Sagt meinen Jungen, dass ich im Paradies auf sie warte.

Am 31. Januar 1888 stirbt Don Bosco.

1934 wird er heiliggesprochen und zum Patron der Lehrer und der Jugendlichen, vor allem der ungeliebten Jugendlichen, ernannt.

Damit du Don Bosco noch besser verstehst

Evangelium

Evangelium heißt „Gute Nachricht". Die gute Nachricht ist Jesus Christus selbst, weil er uns durch seinen Tod und seine Auferstehung rettet und weil wir zu Gott Vater sagen dürfen.

Die vier Berichte, in denen das Leben und die Worte Jesu aufgeschrieben wurden, hat man auch Evangelien genannt: es sind die Evangelien von Matthäus, Markus, Lukas und Johannes.

Die „Unbefleckte Empfängnis" und „Maria, Hilfe der Christen"

Jedes Jahr am 8. Dezember feiern wir das Fest der Unbefleckten Empfängnis Marias, weil Maria, die Mutter Jesu, von Geburt an ganz auf Gott hin ausgerichtet und vollkommen offen für seine Liebe war.

„Maria, Hilfe der Christen", ist ein anderer Titel für Maria, weil die Christen erkennen, dass sie ihnen auf ihrem Weg zu Gott beisteht. Sie kommen mit ihren Sorgen und Wünschen zu ihr, und Maria trägt sie weiter vor Gott. Die Christen rechnen mit Marias liebevoller Fürsprache bei Gott.

Priesterweihe

Durch die Ordination, das Sakrament der Priesterweihe, wird ein junger Mann Priester. Man sagt auch, er wird „zum Priester geweiht".

Etwa sechs Jahre lang bereitet er sich mit anderen jungen Männern in einem Haus – einem Seminar – auf den Priesterberuf vor und erhält eine grundlegende Ausbildung. Als Priester steht er im Dienst der Menschen: Er spendet die Sakramente, er feiert die heilige Messe, er vergibt im Auftrag Gottes die Sünden, er regt Gruppen von Christen an, sich um die Mitmenschen zu kümmern, er legt das Wort Gottes aus, er hilft den Menschen, aus diesem Wort zu leben und Zeugen des Evangeliums für andere Menschen zu werden.

Religiosen-Ordenschristen

Das sind Menschen, Männer und Frauen, die ihr ganzes Leben in den Dienst Gottes und in den Dienst der Menschen stellen.

Sie entscheiden sich freiwillig dafür, ohne Familie und in Armut zu leben und ihren Vorgesetzten gegenüber gehorsam zu sein – und sie wissen, dass allein die Liebe Christi sie zu vollkommen glücklichen Menschen macht.

Sakristei, Küster

Die Sakristei ist ein Raum, der zur Kirche gehört. Hier sind all die Dinge, die der Priester braucht, um die heilige Messe zu feiern oder die Sakramente zu spenden. Die Priester und Ministranten treffen sich vor dem Beginn des Gottesdienstes in der Sakristei, um sich vorzubereiten und innerlich zu sammeln. Hier befinden sich Kerzen, Hostien und die Gewänder, die der Priester während der Messe trägt. Die

Sakristei untersteht dem Küster, der für alles, was sich hier befindet, verantwortlich ist. Er hilft mit, die Messfeier vorzubereiten. In manchen Gegenden heißt der Küster auch Mesner oder Sakristan.

Oratorium

Das Wort Oratorium kommt von dem lateinischen Begriff orare = beten. Das Oratorium, das Don Bosco gegründet hat, war ein Mittelpunkt für die jungen Menschen. Sie wurden dort schulisch und religiös ausgebildet. Don Bosco ging es aber auch um ganz praktische Dinge: Um die tägliche Nahrung und Bekleidung der Kinder. Für die Jugendlichen wurde das Oratorium ein Ort, an dem sie sich angenommen und geliebt wussten.

Traum

Jeder Mensch träumt, aber nur wenige erinnern sich an ihre Träume. Manche Träume aber sind wie Botschaften an unser Leben, und manchmal bedient sich Gott unserer Träume, um mit uns Menschen in Beziehung zu treten, um uns etwas Wichtiges deutlich zu machen, um uns einen Hinweis für die Zukunft zu geben. Manchmal sind Träume Prophezeiungen oder Weissagungen und können auf eine bestimmte Aufgabe vorbereiten.

Die Don Bosco-Familie

Viele Männer und Frauen wollten in Don Boscos Fußstapfen treten und wie er ihr Leben dem Dienst an den Kindern und Jugendlichen widmen.

Deshalb hat Don Bosco eine große Familie gegründet: zu ihr gehören Salesianer, Don-Bosco-Schwestern und Laien, die Salesianischen Mitarbeiter Don Boscos. Zum Zeitpunkt seines Todes bestanden 64 Zentren der Salesianer in sechs Ländern. Es gab 768 Salesianer und etwa 500 Don-Bosco-Schwestern in 50 Häusern, die sich in Italien, Frankreich und Südamerika befinden.

Heute sind es:

17.500 Salesianer verteilt auf 119 Länder.

16.200 Don-Bosco-Schwestern verteilt auf 87 Länder Mehr als 30.000 Salesianische Mitarbeiter Don Boscos. Bis heute setzen sie sich für die jungen Menschen ein und versuchen, die neuen Probleme und Bedürfnisse der Kinder und Jugendliche unserer Zeit aufzugreifen.

Gebet

Don Bosco, mein Freund,
ich bitte dich: hilf mir
an Leib und Seele,
au Herz und Verstand zu wachsen.

Das Elend der jungen Menschen
hat dich tief betrübt.
Hilf mir, wie du aufmerksam zu sein
gegenüber den Menschen,
die leiden oder die allein sind
oder die niemand gern hat.

Du hast dich ganz Jesus
und seiner Mutter anvertraut.
Sie haben dir Kraft und Mut gegeben,
so viel wunderbar Gutes zu tun.
Gib mir das gleiche Vertrauen,
damit ich mein Leben
wie ein grosses Abenteuer wage.

Du hast Männer und Frauen
Aufgerufen, damit sie dir helfen,
und du hast eine große Familie geschaffen,
damit die Jugendlichen einen Weg finden.
Auch ich will dein Freund sein
und mit dir den Spuren
des Evangeliums folgen.

Amen